BEI GRIN MACHT SICH IHR WISSEN BEZAHLT

AF 136356

- Wir veröffentlichen Ihre Hausarbeit,
  Bachelor- und Masterarbeit

- Ihr eigenes eBook und Buch -
  weltweit in allen wichtigen Shops

- Verdienen Sie an jedem Verkauf

Jetzt bei www.GRIN.com hochladen und kostenlos publizieren

Bibliografische Information der Deutschen Nationalbibliothek:

Die Deutsche Bibliothek verzeichnet diese Publikation in der Deutschen National-bibliografie; detaillierte bibliografische Daten sind im Internet über http://dnb.d-nb.de/ abrufbar.

Impressum:

Copyright © 2017 GRIN Verlag
Druck und Bindung: Books on Demand GmbH, Norderstedt Germany
ISBN: 9783346043924

Dieses Buch bei GRIN:

https://www.grin.com/document/502182

Philipp Schmidt

Symmetrische und asymmetrische Verschlüsselungsverfahren samt Dateiverschlüsselung. Eine Analyse von VeraCrypt

GRIN Verlag

GRIN - Your knowledge has value

Der GRIN Verlag publiziert seit 1998 wissenschaftliche Arbeiten von Studenten, Hochschullehrern und anderen Akademikern als eBook und gedrucktes Buch. Die Verlagswebsite www.grin.com ist die ideale Plattform zur Veröffentlichung von Hausarbeiten, Abschlussarbeiten, wissenschaftlichen Aufsätzen, Dissertationen und Fachbüchern.

Besuchen Sie uns im Internet:

http://www.grin.com/

http://www.facebook.com/grincom

http://www.twitter.com/grin_com

Inhaltsverzeichnis

Abbildungsverzeichnis

Tabellenverzeichnis

Abkürzungsverzeichnis

AES	Advanced Encryption Standard
ASCII	American Standard Code for Information Interchange
BSI	Bundesamt für Sicherheit in der Informationstechnik
bzw.	beziehungsweise
c.a.	circa
DES	Data Encryption Standard
ebd.	ebenda
GB	Gigabyte
KB	Kilobyte
MB	Megabyte
TB	Terabyte
z.B.	zum Beispiel

Tabelle 1 Abkürzungsverzeichnis

1 Einleitung

In dieser Hausarbeit möchte ich allgemein auf das Thema Verschlüsselung zu sprechen kommen und im speziellen die Symmetrische und Asymmetrische Verschlüsselung erläutern. Praktisch soll dies mit der Vorstellung der Dateiverschlüsselung mit Hilfe des Programms VeraCrypt geschehen.

Das Thema der IT-Sicherheit spielt in unserer heutigen Welt eine immer größer werdende Rolle, dadurch das immer mehr Daten digital vorliegen und bearbeitet werden, muss auch sichergestellt werden, dass diese nicht verändert oder entwendet werden können. Dies kann mit Hilfe der Verschlüsselung passieren und kontrolliert werden. Da das Thema Privatpersonen und auch Unternehmen betrifft, hat die Bundesregierung sowohl in der „Digital Agenda" als auch in der „Charta zur Stärkung vertrauenswürdiger Kommunikation" das Ziel ausgegeben Deutschland zum „Verschlüsselungsstandort Nr.1" zu machen.[1]

2 Hintergrund

Zuerst sollte man sich der Frage widmen, warum wir überhaupt unsere Daten schützen sollten.

Die Hauptschutzziele sind laut Federrath und Pfitzmann: Vertraulichkeit, Integrität und Verfügbarkeit der Daten.[2] Es gibt je nach Literatur verschiedene Ansichten, welche die wichtigsten Schutzziele sind. Alternativ zu Federrath und Pfitzmann hat Pogundke die Auffassung, dass mehr als die drei Ziele wichtig sind:

- Zugriff auf Ressourcen

  Beispiel: Es kann niemand der nicht die Befugnisse dazu hat, auf den Computer XY zugreifen.

- Vertraulichkeit

  Beispiel: Niemand soll Dokumente, E-Mails oder ähnliches, was nicht für ihn selbst bestimmt ist lesen können.

- Authentizität

  Beispiel: Niemand soll sich für jemand anders Ausgeben können.

- Integrität

  Beispiel: Niemand der nicht die Befugnisse hat soll Dateien, E-Mails oder ähnliches ändern können.

---

[1] Vgl. Bundesamt für Sicherheit in der Informationstechnik (BSI) (2016), S.13.
[2] Vgl. Federrath / Pfitzmann (2012), S 481.

- Vertraulichkeit

  Beispiel: Es muss immer klar sein mit wem kommuniziert wird z.B. Bei der Abgabe einer Willenserklärung, während eines Onlinekaufs, muss klar sein wer genau diese abgegeben hat.

- Anonymität

  Beispiel: Dieser Punkt ist speziell auf die IT-Sicherheit im Internet bezogen und besagt, dass ein Surfverhalten nicht nachvollzogen werden kann.[3]

Die Vielzahl der Definitionen kann man wohl damit erklären, dass die IT-Sicherheit ein sehr weit gefächertes Feld ist. Je nach Anwender sind einige Ziele sehr wichtig und andere können wiederrum vernachlässigt werden. Dies muss aber immer im Einzelfall entschieden werden.

3 Bedrohungen

Bevor darauf eingegangen wird, wie wir unsere wertvollen Daten Schützen können, ein kurzer Exkurs was unsere Daten überhaupt bedroht.

Schützenswert an unseren Daten sind wie eben schon aufgezählt besonders die Vertraulichkeit, Authentizität, Integrität und Verfügbarkeit. Diese Punkte können durch verschiede Vorfälle beeinträchtigt werden. Als erstes einmal sind unbeabsichtigte Fehler und Ereignisse zu nennen wie: „höhere Gewalt, technische Fehler, Fahrlässigkeit, Programmierfehler, Verschleiß oder Havarien". Natürlich können auch beabsichtige Angriffe eine Bedrohung darstellen, hierzu zählen: „Abhören, Manipulation, Zerstören von Informationen und auch die Zerstörung von Software oder Hardware"[4]. Auch das BSI (Bundesamt für Sicherheit und Informationstechnik) nennt in Ihrem IT Grundschutzkatalog unter dem Unterpunkt Gefährdungskatalog die Punkte: „Höhere Gewalt, Elementare Gefährdungen, organisatorische Mängel, Menschliches Fehlverhalten, Technisches Versagen und Vorsätzliche Handlungen"[5] als große Gefahren für die IT-Sicherheit.

Angriffsmethoden sind aktive so wie passive Angreifer, Computervieren und Trojaner die im folgenden näher erläutert werden, sowie die logische Bombe, der Keylogger, der Schniffer und die Hintertür.[6]

---

[3] Vgl. Poguntke (2013), S.5.
[4] Vgl. Federrath / Pfitzmann (2012), S.480.
[5] Vgl. BSI.
[6] Vgl. Lenhard (2017), S.37ff.

3.1 Aktive und passive Angreifer

Die Angreifer selbst können in zwei Kategorien eingeteilt werden, zum einen die aktiven Angreifer und zum anderen die passiven Angreifer. Wobei der Unterschied darin besteht das der passiven Angreifer „nur" mitliest, aber keine Daten verändert. Durch diesen Angriff wird die Vertraulichkeit des betroffenen Systems gestört (Verschlüsselung schützt vor passiven Angriffen).[7] Wohingegen der aktive Angreifer Einfluss nimmt in dem er z.B.: Daten verändert oder löscht, eine falsche Identität vortäuscht, Ressourcen nutz ohne das der Benutzer dem zugestimmt hat, Rechte und Attribute verändert oder eine Kommunikationsbeziehung leugnet.[8] Dadurch versucht er die Integrität zu untergraben. Ein aktiver Angreifer kann auch eine bestehende Verschlüsselung brechen.[9]

3.2 Computervieren

Ein biologischer Virus ist ein Mikroorganismus der auf eine Wirtszelle angewiesen ist, keinen eigenen Stoffwechsel besitzt und sich reproduzieren kann. Genau diese Eigenschaften hat ein Computer Virus. Er braucht ein Wirtsprogramm zur Ausführung seiner Befehlsfolge. Er verbreitet sich selbstständig indem er bei der Ausführung des Wirtsprogrammes eine Kopie von sich erstellt.[10] Deswegen ist es bei Viren im eigenen System wichtig diese in „Quarantäne" zu schicken (meist wird dies vom Antivirenprogramm erledigt), damit sie sich nicht weiterverbreiten und auf dem eigenen System keinen Schaden mehr anrichten können.

Computerviren können in die folgenden Kategorien eingeteilt werden: Programmviren, die durch das Ausführen von einem Programm verbreitet werden und Boot-Vieren, die vor dem Bootsektorprogramm in den Speicher geschrieben werden. Das hat zur Folge, dass sie direkt beim Hochfahren des Computers mit gestartet werden. Zu Letzt sind noch die Makroviren zu nennen, die meist in Verbindung mit Textbearbeitungsprogrammen oder Tabellenkalkulationsprogrammen auftreten können.[11]

3.3 Trojaner

Das Trojanische Pferd erhielt seinen Namen durch die Schlacht um Troja. Die Griechen gaben nach jahrelangen versuchen die Stadt zu erobern scheinbar auf und schenkten als Zeichen Ihres Rückzuges der Stadt Troja ein großes hölzernes Pferd. Dies stellten sie einfach vor den Stadtmauern ab und zogen sich zurück. Die Trojaner holten das Pferd in die Stadt, um ihren Sieg zu feiern. Als es Dunkel genug war kletterten jedoch griechische Krieger aus dem hölzernen Pferd und öffneten unbemerkt das Stadttor, sodass die griechischen Truppen, die draußen warteten die Stadt einnehmen konnten.

---

[7] Vgl. Schwenk (2014), S.5.
[8] Vgl. Poguntke (2013), S.4.
[9] Vgl. Schwenk (2014), S.6.
[10] Vgl. Eckert (2014), S.56f.
[11] Vgl. ebd., S.58ff.

Genau so macht es auch ein Trojanisches Pferd auf einem Computer System, es wird eine Funktion vorgetäuscht. Dies erweckt das Vertrauen beim Nutzer, aber diese Funktion wird von einer Schadenfunktion ergänzt. Einfach gesagt stimmt die Ist nicht mit der Soll Funktion überein.[12]

4 Kryptografie

Die Kryptografie wird als die „Wissenschaft vom Verschlüsseln" bezeichnet.[13] Dies rührt daher das mit Hilfe der Kryptografie, Algorithmen und Verfahren für sichere Kommunikation entwickelt werden.[14]

Die Uhrsprünge der Kryptografie gehen schon so weit zurück, dass damals noch nicht einmal an Computer zu denken war, geschweige denn an elektrischen Strom. Denn schon Julius Cäsar hat Kryptografie verwendet. Er verwendete manchmal in seinen Briefen, die heute als Cäsar-Chiffre bekannte Verschlüsselungsart.[15]

Diese Verschlüsselung ist relativ simpel, denn man nimmt sich das Alphabet und verschiebt es einfach um X Stellen, wobei X dann der Schlüssel ist. Um es etwas zu vereinfachen wurden solche Schablohen wie in Abbildung 1 verwendet. Wie hier im Beispiel gezeigt wird ist ein Schlüssel von k = 19 eingestellt, das bedeutet, alles was vorher im Klartext ein A enthielt wird jetzt im Geheimtext an der Stelle des A ein t enthalten, alle B werden gegen u getauscht und so weiter. Angewendet auf das Wort (Klartext) „Rom" kommt mit einem k = 19 Schlüssel der Geheimtext „Khf" heraus.

Abbildung 1 Cäsar-Verschlüsselungsschablone (34 Chemin Morange)[16]

So konnten alle für die der Text von Cäsar nicht bestimmt war, diesen auch nicht auf Anhieb lesen. Nur der rechtmäßige Empfänger war in der Lage mit Hilfe des Schlüssels den Text zu entschlüsseln und dann zu lesen. Da es bei der Methode relativ leicht war als nicht rechtmäßiger Empfänger den Schlüssel zu raten und damit trotzdem die Nachricht zu lesen, war diese Methode nicht sehr

---

[12] Vgl. Eckert (2014), S.75ff.
[13] Vgl. Poguntke (2013), S.6.
[14] Vgl. Ohst (2003), S.21.
[15] Vgl. Udo Hebisch (2010).
[16] Vgl. 34 Chemin Morange.

sicher. Auch zumal es nur 26 mögliche Schlüssel gibt (die Anzahl der Schlüssel ergibt sich aus den Stellen im Alphabet, wobei vom Schlüssel Nr.26 abgesehen werden sollte, da dies wieder der Klartext ist). Beim Entschlüsseln wird es genau umgekehrt gemacht,[17] die Schablone wird von innen nach außen gelesen.

5 Symmetrische Verschlüsselungsverfahren

Symmetrische Verschlüsslungen waren lange Zeit die einzige Verschlüsselungsart, bis Mitte der 70er Jahre gab es nichts Anderes[18](hierbei sind nur die elektronischen Verschlüsselungsverfahren gemeint).

Bei der Symmetrischen Verschlüsselung muss bevor Nachrichten zwischen den Parteien verschickt werden können, der Schlüssel ausgetauscht werden. Wenn sich die Parteien persönlich sehen und diese austauschen ist es am sichersten. Aber meistens besteht diese Gelegenheit nicht. Dann muss der Schlüssel über andere Wege ausgetauscht werden und hier ist wieder die Gefahr, dass jemand den Schlüssel abfängt.

Warum wird dann die Symmetrische Verschlüsselung genutzt, wenn es offensichtlich doch nicht so sicher ist? Der große Vorteil ist die in der Regel schnelle und praktische Implementierung.

Die bekanntesten Blockverschlüsselungsverfahren in der Symmetrischen Verschlüsselung sind der DES-Algorithmus und das AES-Verfahren[19], auf diese beiden Arten der Verschlüsselung wird später näher eingegangen.

Des Weiteren ist es so, dass die Symmetrischen Verfahren meist mit den Asymmetrischen kombiniert werden, darauf wird aber auch noch im späteren Verlauf dieser Hausarbeit im Bereich der Hybride Verschlüsselung genauer eingegangen.

Folgendes Schaubild zeigt wie die Symmetrische Verschlüsselung funktioniert:

---

[17] Vgl. Spitz et al. (2011), S.4.
[18] Vgl. Poguntke (2013), S.41f.
[19] Vgl. ebd., S.42.

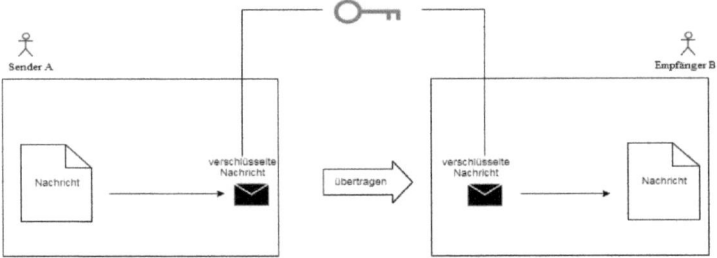

Abbildung 2 Eigene Darstellung in Anlehnung an (Frederik Gierschner 2012)[20]

Der Sender A hat eine Nachricht, die er an Empfänger B übermitteln will, ohne dass jemand anderes diese Nachricht mitlesen kann. Dazu verschlüsselt Sender A die Nachricht und überträgt sie zum Empfänger B. Dieser kann die Nachricht mit dem Schlüssel, den er zuvor auch von A erhalten hat wieder, öffnen.

Wie oben bereits beschrieben ist es am sichersten, wenn Sender A dem Empfänger B bei einem Persönlichen Treffen den Schlüssel übergibt, damit sichergestellt wird, dass kein dritter diesen in die Hände bekommt. Hat Empfänger B erst einmal den Schlüssel kann er diesen für alle Nachrichten von A nutzen. Da es in der Praxis aber nicht immer möglich ist den Schlüssel persönlich zu übergeben oder es einen viel zu großen Aufwand zur Folge hätte (etwa, wenn A in Meschede und B in New York sitzt) gibt es noch die Möglichkeit den Schlüssel über eine so genannte Schlüsselzentrale, B zukommen zu lassen. Die Vertraulichkeit ist hierbei aber schon wieder gefährdet, dadurch das nicht nur A und B die Nachrichten lesen können, sondern auch die Schlüsselzentrale.[21]

5.1 DES

Nachdem das oben beschriebene Verschlüsselungsverfahren (Cäsar-Chiffre) noch manuell ausgeführt wurde, kommen wir nun zu dem ersten Verschlüsselungsverfahren, das von einem Computer berechnet wird, dem DES.

DES steht für Data Encryption Standard und wurde Anfang der siebziger Jahre von IBM entwickelt und 1977 als Standard für die Datenverschlüsselung anerkannt. Da die NSA an der Entwicklung beteiligt war, erweckte DES in den ersten Jahren kein großes Vertrauen. Was sich aber mit der Zeit änderte, als mehrere Experten den DES auf Schwachstellen überprüft haben und keine finden konnten.[22] So gilt der DES bis heute als sicher, was aber auch nur für das Verfahren an sich und nicht für den Schlüssel gilt (Beweis folgt in Tabelle 2).

---

[20] Vgl. Frederik Gierschner (2012).
[21] Vgl. Federrath / Pfitzmann (2012), S.488.
[22] Vgl. Schmeh (2009), S.82.

Bei dem DES Algorithmus wird der Schlüssel als Bit Folge gespeichert. Die Verschlüsselung geschieht in 64 Bit (bzw. 8 Byte) Blöcken, da diese Blöcke eine 8 Bit Prüfsumme enthalten, sind es real also 56 Bit Verschlüsselung.

Jeder 64 Bit Block Klartext wird bei dem DES in 64 Bit Block Geheimtext verschlüsselt. Dies ist eine wichtige Eigenschaft des DES. Wenn man den Schlüssel länger machen würde, wäre er sicherer, aber benötigte auch mehr Übertragungs bzw. Speicherkapazität, was man zu der damaligen Zeit nicht wollte.[23]

Der DES läuft immer in 16 Runden ab, in die jeweils ein Subschlüssel eingeht wie folgendes Schaubild verdeutlicht:

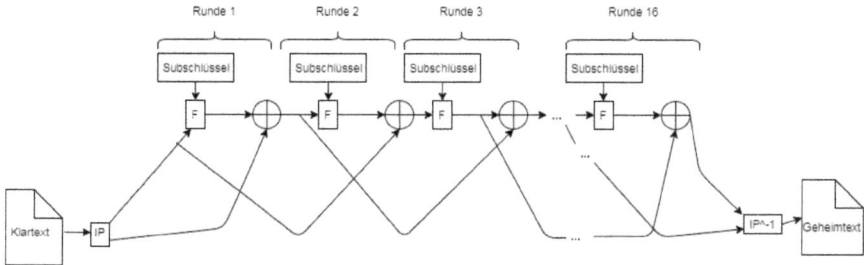

Abbildung 3 Eigene Darstellung in Anlehnung an (Schmeh 2009)[24]

In der F Funktion die im Schaubild gezeigt wird passiert folgendes: Die eingehenden 32 Bit werden auf 48 Bit erweitert und wie auch im Schaubild zu sehen mit einem Subschlüssel exklusiv-oder-verknüpft. Im Anschluss folgt noch der Schritt das sechs Bit (die sogenannte Substitutionsboxen oder S-Boxen) durch vier neue Bits substituiert und nach einer Permutation ausgegeben werden. Dieser Vorgang wird in jeder der 16 Runden wiederholt, bis am Ende unser Geheimtext heraus kommt.[25]

---

[23] Vgl. ebd., S.83.
[24] Vgl. Schmeh (2009), S.84.
[25] Vgl. ebd.

Zum Schluss wird noch der Beweis zu der Aussage eben, der Schlüssel den ein DES verwendet wäre heutzutage nicht mehr sicher, geliefert. Da wir jetzt wissen, dass der DES Algorithmus reelle 56Bit Schlüssellänge hat, schauen wir uns folgende Tabelle an, die die Zeit wie lange ein aktueller Computer c.a. braucht um durch eine Brute Force Attacke den Schlüssel zu erraten, auflistet:

Schlüssellänge	Anzahl der Schlüssel	Dauer einer Schlüsselsuche
56 Bit	$1,1 * 10^{12}$	24 Stunden
64 Bit	$1,8*10^{19}$	256 Tage
80 Bit	$1,2*10^{24}$	45.965 Jahre
128 Bit	$3,4*10^{38}$	$1,3*10^{19}$ Jahre
256 Bit	$1,2*10^{77}$	$4,4*10^{57}$ Jahre

Tabelle 2 Eigene Tabelle in Anlehnung an Schmeh 2009[26]

Wie man sieht würde es lediglich einen Tag dauern, den Schlüssel des DES zu erraten.

5.2 AES

Im November 2001 wurde der DES vom AES (Advanced Encryption Standard) abgelöst, ab dem Jahr 2003 wurde es sogar von den USA genutzt um Daten der höchsten Geheimhaltungsstufe zu Verschlüsseln. Da das Verfahren nicht patentiert ist, wird es mittlerweile von vielen Instituten und Herstellern von Hard- und Software weltweit eingesetzt.[27]

Der AES-Algorithmus kann mithilfe des Blockverschlüsselungsverfahrens mit Schlüssellängen von 128, 192 und 256 Bit arbeiten.[28] Durch Wechsel zwischen Substitution und Permutation wird in den Runden die beim AES durchlaufen werden (z.B. bei 128 Bit, 10 Runden) verschlüsselt. In der erste Runde wird eine nichtlineare Substitution durchgeführt (SubBytes genannt), in der zweiten wird für Diffusion durch Permutation gesorgt (die einzelnen Zahlen werden durcheinandergemischt) dies nennt sich ShiftRow, nun in Runde drei werden die Zahlen noch einmal Spaltenweise gemischt (MixColumn) und bei Runde vier im letzten Schritt wird zu den Zahlen noch ein Subschlüssel addiert (AddRoundKey). Dies wird bei einer 128 Bit Verschlüsselung in der Reihenfolge 9-mal durchgeführt und in der letzten Runde wird Schritt drei ausgelassen und schritt vier doppelt ausgeführt.[29]

---

[26] Vgl. ebd., S.99.
[27] Vgl. Schmeh (2009), S.127.
[28] Vgl. Poguntke (2013), S.51.
[29] Vgl. Schmeh (2009), S.128ff.

5.3 Stromchiffre

Sowohl das DES als auch das AES bedienen sicher der Blockchiffre. Bei diesen Verfahren werden die zu verschlüsselnden Daten in Blöcke gleicher Länge aufgeteilt und jeder Block wird für sich verschlüsselt. Anders bei der Stromchiffre, diese bedient sich einem andern verfahren und hat damit einen entscheidenden Vorteil gegenüber der Blockchiffre. Denn mit Hilfe der Stromchiffre kann eine höhere Verschlüsselungsgeschwindigkeit erreicht werden.[30]

Die Boxen werden mit einem festen Algorithmus verschlüsselt, der aber nur annähernd zufällige Bits produziert. Da der Algorithmus aber sehr komplex ist, wird er als Pseudozufallsgenerator bezeichnet. Meist wird dies Verfahren bei kontinuierlichen Bitströmen verwendet wie z.B. einem digitalen Telefongespräch.[31]

6 Asymmetrische Verschlüsselungsverfahren

Bei der Asymmetrischen Verschlüsselung gibt es anders als bei der Symmetrischen Verschlüsselung nicht nur einen Schlüssel, sondern zwei. So wird das Problem mit der Schlüsselübergabe gelöst. Zum einen gibt es den Public Key (Öffentlichen Schlüssel) und den Private Key (Privaten Schlüssel). Den Public Key darf wie schon der Name besagt jeder haben, denn dieser ist nur dafür da die Nachricht zu verschlüsseln. Die Nachricht entschlüsseln hingegen kann nur jemand der den Private Key besitzt. So kann ein Empfänger ohne Sicherheitsrisiken einen Public Key generieren und einem Sender übertragen.

Der Sender A verschlüsselt seine Nachricht an der Empfänger B mit dem Public Key, versendet daraufhin die verschlüsselte Nachricht an den Empfänger der diese dann ganz einfach und sicher mit seinem Private Key, den nur er hat wieder entschlüsselt.

---

[30] Vgl. Schmeh (2009), S.267.
[31] Vgl. Poguntke (2013), S.42f.

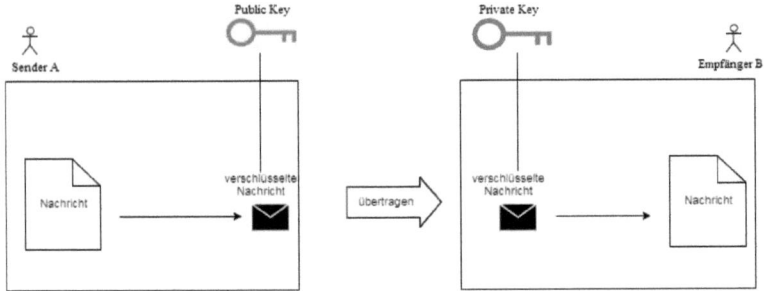

Abbildung 4 Eigene Darstellung in Anlehnung an (Frederik Gierschner 2012)[32]

6.1 RES

Das RES-Verfahren wurde nach den Anfangsbuchstaben der Nachnahmen seiner Erfinder Ronald L. Rivest, Adi Shamir und Leonard Adlemann benannt. Die RES-Verschlüsselung bedient sich einer mathematischen Einweg-Funktion. Diese ist relativ einfach zu berechnen bei der Verschlüsselung, aber die Rückwärtsrechnung ohne den Schlüssel zu kennen ist sehr komplex. Vorstellen kann man sich dies gut, wenn man einen Teller fallen lässt, das ist relativ einfach, aber hinterher die Scherben wieder zusammen zu setzen das ein komplett heiler Teller dabei heraus kommt ist sehr schwierig.

Umgesetzt wird es in dem RES-Verfahren mathematisch so das Buchstaben gegen ihren entsprechenden ASCII-Code ersetzt werden (z.B. X ist 88) und diese Zahlen in eine aufwendige mathematische Formel:

$$C^d = (m^e)^d = m^{1(mod\,\varphi(n))} = m(mod\,n)\,^{33}$$

Eingesetzt werden. Wobei m die zu Verschlüsselnde Nachricht darstellt.

7 Hybride Verschlüsselungsverfahren

Die Hybriden Verschlüsselungsverfahren vereinen die Vorteile aus Symmetrischer Verschlüsselung und Asymmetrischer Verschlüsselung. Da RSA (Asymmetrisches Verschlüsselungsverfahren) 1.000 mal mehr Zeit benötigt als DES (Symmetrisches Verschlüsselungsverfahen)[34] macht man heute meistens folgendes:

Sender A verschlüsselt eine Nachricht wie oben bei der Symmetrischen Verschlüsselung beschrieben mit einem geheimen Schlüssel. Dieser geheime Schlüssel wird vom Sender wiederrum

---

[32] Vgl. Frederik Gierschner (2012).
[33] Vgl. Schmeh (2009), S.175.
[34] Vgl. Singh / Fritz (2005), S. 436f.

verschlüsselt aber diesmal im Asymmetrischen Verfahren mit seinem Public Key. Nun Sendet der Sender A seine verschlüsselte Nachricht und den verschlüsselten geheimen Schlüssel an den Empfänger B. Dieser entschlüsselt wie im Asymmetrischen Verfahren üblich die Nachricht, die den geheimen Schlüssel enthält mit seinem Private Key. Jetzt wo er den geheimen Schlüssel hat kann er die verschlüsselte Nachsicht von Sender A ganz einfach entschlüsseln.

Dieser Vorgang wird in folgendem Schaubild nochmal bildlich dargestellt:

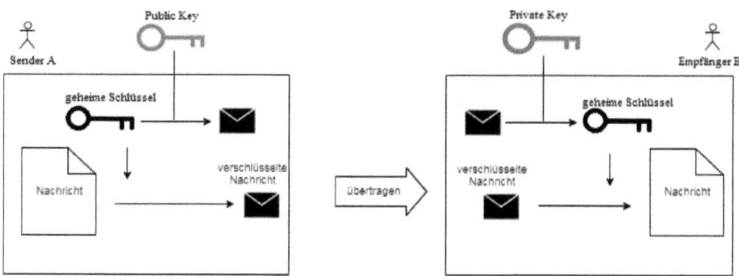

Abbildung 5 Eigene Darstellung in Anlehnung an (Alexander Lauert 2002)[35]

8 VeraCrypt

VeraCrypt ist eine Open-Source-Disk-Verschlüsselungssoftware die jedem kostenlos zur Verfügung steht, finanziert wird sie durch Spenden. Mit Hilfe dieses Programmes kann man einen virtuellen verschlüsselten Container erstellen oder gleich eine ganze vorhandele Partition auf seinem Computer verschlüsseln.[36]

Ein Vorteil des Programms ist, dass es auf vielen Plattformen verfügbar ist. Dies wird benötigt wenn man mit VeraCrypt einen Datenträger (z.B. einen USB Stick) verschlüsselt und er unterwegs auf einem anderen System wieder entschlüsselt werden soll. Ein weiterer Vorteil an der Container-verschlüsselung von VeraCrypt, gegenüber der Dateiverschlüsselung anderer Programme ist, das innerhalb des Containers komplett sicher gearbeitet werden kann. Während man bei Dateiver-schlüsselung die Ursprungsdatei nach der Verschlüsselung sicher löschen muss, sodass sie nicht wiederhergestellt werden kann (was sehr einfach geht, wenn nur über den Papierkorb gelöscht wird). Die Sicherheit der Datei in dem Container wird dadurch beeinträchtigt das während des Be-arbeitens der Computer die Daten in den Arbeitsspeicher lädt, wo sie natürlich nicht mehr ver-schlüsselt sind und von jedem andern Programm auf dem Rechner (z.B. auch Vieren) ausgelesen

---

[35] Vgl. Alexander Lauert (2002).
[36] Vgl. VeraCrypt Offizelle Webseite.

werden können. Die Dateien bleiben im Arbeitsspeicher bis etwas Anderes bearbeitet wird oder der Computer herunterfährt, dann ist der Arbeitsspeicher gelöscht. Dies gilt allerdings nicht wenn ein Laptop z.B. nur zugeklappt wird, also sich im Ruhemodus befindet oder der Computer in den Standby versetzt wird. Bei Windows Betriebssystemen ab Windows 8 ist es auch so, dass mit einem Klick auf Herunterfahren der Computer nicht mehr komplett heruntergefahren wird, sondern immer noch etwas weiterläuft (dies lässt sich im Task Manager prüfen, wie lange der Computer schon in Betrieb ist).

Hier ist es wahrscheinlich, dass der Arbeitsspeicher auch nicht gelöscht ist, da für den Beweis aber keinerlei glaubwürdigen Quellen gefunden wurden, gilt diese Tatsache hier als Denkanstoß das trotz guter Verschlüsselung die eigenen Dateien gefährdet werden können.

Da VeraCrypt sicher verschlüsselt ist es extrem wichtig sich sein Passwort zu merken, denn wenn dieses vergessen wurde, sind die Daten im Container unwiederbringlich nicht mehr zugänglich. Als vor letzten Punkt möchte ich noch einen Vorteil anführen, denn es bei VeraCrypt gibt und zwar das Erstellen eines unsichtbaren Containers. In einem normalen Container wird dabei ein zweiter Container erstellt, dies hat den Vorteil das man die Existenz des ersten Containers auf einem Computer ganz einfach nachweisen kann, da dort eine meist sehr große Datei ist, die von den Zeichen her keinen Sinn macht. Aber die Existenz des unsichtbaren Containers kann niemand nachweisen, dadurch dass er sich im ersten befindet. Dieser Container wird einfach dadurch geöffnet das zum Öffnen des ersten Containers ein anderes Passwort eingegeben wird.

Das VeraCrypt ein Open-Source Programm ist hat den Vorteil, dass sich Kundige Benutzer den Quellcode des Programms anschauen können und damit auch die Möglichkeit haben diesen nach Fehlern zu durchsuchen. Denn erst wenn alle möglichen Experten ein Programm was die Sicherheit garantieren soll auf alle erdenklichen Schwächen, mit allen nur erdenklichen Verfahren gestattet haben kann man sagen, dass es sicher ist.[37]

8.1 TrueCrypt

Bevor wir zu der Anwendung von VeraCrypt kommen noch ein kurzer Exkurs wie VeraCrypt überhaupt entstanden ist. Im Mai 2014 gab es von den Machern des Verschlüsselungsprogrammes TrueCrypt eine Ankündigung auf dessen Webseite das: „Die Verwendung von TrueCrypt nicht mehr sicher sei, da es ungelöste Sicherheitsprobleme gäbe"[38]. Die Software galt bis dahin als sicher, denn bis zur Version TrueCrypt-v7.1a wurden keinerlei Schwachstellen gefunden.[39] Dies konnte so genau gesagt werden, weil TrueCrypt Open Source war und jeder nach Schwachstellen suchen konnte, aber niemals eine gefunden wurde.

---

[37] Vgl. Schmeh (2009), S. 42.
[38] Vgl. Offizelle TrueCrypt Webseite (2014).
[39] Vgl. Rost, Martin, Krause, Christian (2015), S.448.

Auch auf der Offiziellen Webseite von VeraCrypt wird gesagt, dass es viele Schwachstellen und Sicherheitsfragen von TrueCrypt löst.[40]

Da TrueCrypt der Vorgänger von VeraCrypt ist, können alte TrueCrypt Container mit VeraCrypt geöffnet werden, andersherum funktioniert es nicht.

8.2 Anwendung von VeraCrypt

Nach dem die aktuellste Version (im Moment 1.21 vom 9 Juli 2017) heruntergeladen und installiert wurde kann es auch schon losgehen.

Man startet VeraCrypt und wählt anschließend oben links „Volumes" und den Unterpunkt „neues Volume erstellen" aus.

In dem Fester was sich öffnet hat man die Wahl einen Container zu erstellen, eine komplette Partition auf einer Festplatte zu Verschlüsseln oder sogar eine System-Partition (also eine Partition die das Betriebssystem enthält) zu verschlüsseln. In unserem Beispiel spielen wir die Erstellung eines Containers durch.

Wir wählen also aus das wir einen Container erstellen möchten und klicken auf weiter. Als nächstes werden wir nach dem Volumen-Typ gefragt, hier steht zur Auswahl einen Standart Volumen oder ein Verstecktes Volumen (der unterschied wird unter punkt acht beschireben) zu erstellen. Anschließend wählt man den Speicherort für den Container auf seinem System aus. Im folgenden Fenster hat man die möglichkeit die Verschlüsselung auszuwählen.

Als Verschlüsselung stehen zur Auswahl: AES (wurde unter Punkt 5.2 behandelt), Serpent oder Twofish, Camellia, Kuznyechik oder auch mehrfache Verschlüsslungen stehen zur Auswahl wo z.B. mit AES und Twofish verschlüsselt wird.

An dieser Stelle gibt es auch die Möglichkeit einen so genannten Benchmark Test durch zu führen. Der angibt wie schnell die Verschlüsselung auf dem eigenen System wäre.

Hier beispielhaft gezeigt:

---

[40] Vgl. VeraCrypt Offizelle Webseite.

Algorithmus	Verschlüsseln	Entschlüsseln	Mittelwert
AES	721 MB/s	776 MB/s	748 MB/s
Camellia	333 MB/s	318 MB/s	326 MB/s
Serpent(AES)	276 MB/s	277 MB/s	277 MB/s
AES(Twofish)	221 MB/s	234 MB/s	227 MB/s
Twofish(Serpent)	199 MB/s	197 MB/s	198 MB/s
Twofish	186 MB/s	209 MB/s	198 MB/s
Serpent	169 MB/s	189 MB/s	179 MB/s
Serpent(Twofish(AES))	180 MB/s	177 MB/s	179 MB/s
AES(Twofish(Serpent))	134 MB/s	143 MB/s	139 MB/s
Kuznyechik	107 MB/s	105 MB/s	106 MB/s

Abbildung 6 Eigene Darstellung VeraCrypt Version 1.21

Im selben Fenster wo gerade die Verschlüsselungsart ausgewählt wurde, wird nun der Hash-Algorithmus ausgewählt. Hierbei stehen SHA 512, SHA 256, Whirlpool und Streebog zur Verfügung. Jetzt wird man gebeten die Größe des Containers zu wählen (in KB, MB, GB oder TB).

Im Anschluss kommt der wichtigste Teil, man muss sich ein sicheres Passwort überlegen und dies zweimal eingeben. Als Vorgabe sollte man bei diesem beachten: Es sollte kryptisch sein (das heißt kein Wort enthalten was im Wörterbuch zu finden ist), natürlich auch keinen Namen, Geburtstag oder ähnliches, denn dies wäre zu leicht zu erraten. Für ein gutes Passwort sollte man eine zufällige Kombination aus Klein- und Großbuchstaben, Zahlen sowie Sonderzeichen nutzen. Bei Passwörtern gilt je länger des do besser. Bei VeraCrypt ist die Maximale Länge auf 64 Zeichen beschränkt. Falls das Passwort unter 20 Zeichne ist, wird eine Wahnmeldung angezeigt, die drauf hinweist doch besser ein sicheres Passwort zu verwenden.

Der zufällige Schlüssel muss vom Nutzer selbst generiert werden, durch Mausbewegungen die vom Programm in zufällige Zeichen umgewandelt werden. Diese Mausbewegungen sollten mindestens 30 Sekunden durchgeführt werden, was durch einen Balken der erst rot, dann gelb und anschließend grün leuchtet signalisiert wird (siehe Abbildung 7).

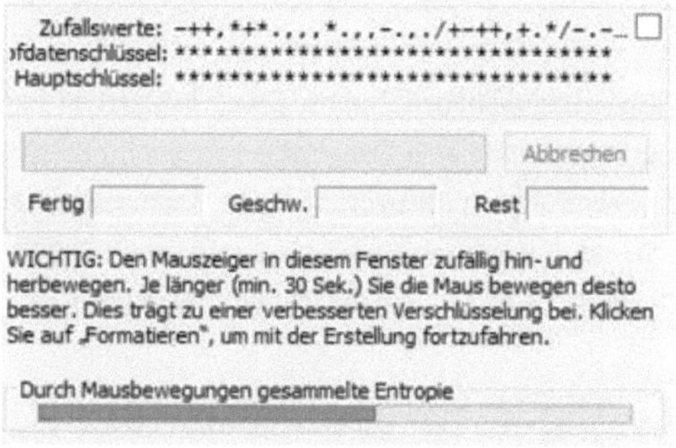

Abbildung 7 Eigene Darstellung VeraCrypt Version 1.21

Nach diesem Vorgang und einem Klick auf Formatieren, dauert es noch einen kurzen Moment und der Container ist fertig erstellt.

Durch das Auswählen eines ungenutzten Laufwerksbuchstabens in VeryCrypt kann der Container geöffnet werden (bei diesem Schritt hat man auch die Möglichkeit einen alten TrueCrypt Container zu öffnen (TrueCrypt-Modus)). Nach der Eingabe des Passwortes dauert es einen Moment und der Container ist geöffnet. Um das öffnen zu beschleunigen kann man die Verschlüsselung des Containers manuell eingeben, falls man sich nicht mehr sicher ist kann VeraCrypt dies auch Automatisch herausfinden, was etwas länger dauert.

Nun wo der Container geöffnet ist erscheint der gewählte Laufwerksbuchstabe im Arbeitspatz und kann gefüllt werden. Zum Schließen des Containers einfach in VeraCrypt den entsprechenden Laufwerksbuchstaben auswählen und auf Trennen klicken.

9 Fazit

Gerade in der heutigen Zeit ist Verschlüsselung ein sehr wichtiges Thema. Diese Hausarbeit hat gezeigt, dass die Symmetrische Verschlüsselung immer noch eine Daseinsberechtigung hat, gerade in Hinblick auf die Hybriden Verfahren. Ebenso wurde aufgezeigt, dass die Asymmetrische Verschlüsselung nicht das Optimale Verfahren für die Zukunft ist. Es wurde beschrieben warum VeraCrypt ein würdiger Nachfolger von TrueCrypt ist und die eigenen Daten zuverlässig verschlüsseln kann.

Aber das beste Verschlüsselungsprogramm nützt nichts, wenn der Benutzer unvorsichtig ist oder z.B. der Schlüssel durch Androhung von Gewalt oder ähnlichem gestohlen wird.

Alles in allem kann gesagt werden, die aufgeführten Verschlüsselungen reichen aktuell aus, um sich zu schützen. Dies ist aber noch lange kein Grund sich nicht weiter mit dem Thema zu beschäftigen, denn gerade im Hinblick auf die kommenden Quantencomputer, die die aktuellen Verschlüsselungen mit Brute-Force Angriffen schneller als mit den heutigen Möglichkeiten aushebeln können, sollte man im Thema IT-Sicherheit und im speziellen in der Verschlüsselung der eigenen Daten stets informiert bleiben.

Literaturverzeichnis

34 Chemin Morange: Cäsar-Verschlüsselung. URL: https://lh6.ggpht.com/4HWP0WU1N91Uav9dB-iljHvuEu2FHUA6uWRCm6T2fh7peSEiWONIwEHL9YIET3nfxYDP=w300 [Stand: 02.09.2017].

Alexander Lauert (2002): Hybride Verfahren. URL: http://ddi.cs.uni-potsdam.de/Lehre/e-commerce/elBez2-5/page07.html [Stand: 02.09.2017].

BSI: IT-Grundschutz-Katalog. URL: https://www.bsi.bund.de/DE/Themen/ITGrundschutz/ITGrundschutzKataloge/itgrundschutzka taloge_node.html [Stand: 15.08.2017].

Bundesamt für Sicherheit in der Informationstechnik (BSI): Die Lage der IT-Sicherheit in Deutschland 2016.

Eckert, Claudia (2014): IT-Sicherheit. Konzepte - Verfahren - Protokolle. 9. Aufl. München: Olden; Oldenbourg Wissenschaftsverlag (= Studium).

Federrath, H. & Pfitzmann, A. (2012): Datenschutz und Datensicherheit. In: Schneider, Uwe; Werner, Dieter (Hrsg.) (2012): Taschenbuch der Informatik. Mit 99 Tabellen. 7., neu bearb. Aufl. München: Fachbuchverl. Leipzig im Carl Hanser Verl.

Frederik Gierschner (2012): Sicherer Dateitransfer mit IBM Sterling Connect:Direct. URL: http://blog.xintegrate.com/x-in-cms.nsf/id/sicherer-dateitransfer-mit-ibm-sterling-connect-direct-de/$file/Verschl%C3%BCsselung.jpg [Stand: 16.08.2017].

Lenhard, Thomas H. (2017): Datensicherheit. Technische und organisatorische Schutzmaß-nahmen gegen Datenverlust und Computerkriminalität. Wiesbaden: Springer Vieweg.

Offizelle TrueCrypt Webseite (2014): Using TrueCrypt is not secure as it may contain unfixed security issues. URL: http://truecrypt.sourceforge.net/ [Stand: 05.09.2017].

Ohst, Daniel (2003): Einsatz elektronischer Signaturen und Zeitstempel für die Sicherung digitaler Dokumente. URL: https://edoc.hu-berlin.de/bitstream/handle/18452/14668/ohst.pdf?sequence=1&isAllowed=y [Stand: 29.08.2017].

Poguntke, Werner (2013): Basiswissen IT-Sicherheit. Das Wichtigste für den Schutz von Systemen und Daten. 3. Aufl. Dortmund: W3L-Verl. (= Informatik).

Rost, Martin, Krause, Christian (2015): Relativer Vertraulichkeitsschutz mit TrueCrypt. In: DuD • Datenschutz und Datensicherheit, H. 7, S. 445–448.

Schmeh, Klaus (2009): Kryptografie. Verfahren, Protokolle, Infrastrukturen. 4., aktualisierte und erw. Aufl. Heidelberg: dpunkt-Verl. (= iX Edition).

Schwenk, Jörg (2014): Sicherheit und Kryptographie im Internet. Theorie und Praxis. 4., überarb. u. erw. Aufl. Wiesbaden: Springer Vieweg.

Singh, Simon / Fritz, Klaus (2005): Geheime Botschaften. Die Kunst der Verschlüsselung von der Antike bis in die Zeiten des Internet. 6. Aufl. München: Dt. Taschenbuch-Verl. (= dtv; 33071).

Spitz, Stephan et al. (2011): Kryptographie und IT-Sicherheit. Grundlagen und Anwendun-gen. 2., überarbeitete Auflage. 2 // 2., überarbeitete Auflage Wiesbaden: Vieweg +Teubner; Vieweg+Teubner Verlag / Springer Fachmedien Wiesbaden GmbH Wiesbaden.

Udo Hebisch (2010): Verschlüsselung nach Caesar. URL: http://www.mathe.tu-freiberg.de/~hebisch/cafe/kryptographie/caesar.html [Stand: 02.09.2017].

VeraCrypt: Offizelle Webseite. URL: https://www.veracrypt.fr/en/Home.html [Stand: 05.09.2017].